PAIDEIA
ÉDUCATION

MIXTE
Papier issu de sources responsables
Paper from responsible sources
FSC® C105338

ROMAIN GARY

Chien blanc

Analyse littéraire

© Paideia éducation.

1 rue Honoré - 93500 Pantin.

ISBN 978-2-7593-1609-0

Dépôt légal : Janvier 2023

Impression Books on Demand GmbH

In de Tarpen 42

22848 Norderstedt, Allemagne

SOMMAIRE

- Biographie de Romain Gary 9

- Présentation de *Chien blanc* 15

- Résumé du roman 19

- Les raisons du succès 29

- Les thèmes principaux 35

- Étude du mouvement littéraire 41

- Dans la même collection 45

BIOGRAPHIE DE ROMAIN GARY

Enfant de la révolution russe, Roman Kacew naît le 21 mai 1914 et passe le début de son enfance à Wilno, future capitale de la Lituanie. Sa mère Nina ouvre une maison de couture, le temps de se rendre à Varsovie, en Pologne. Roman commence dès lors son éducation à l'école polonaise pour ensuite intégrer le lycée. Parallèlement, Nina lui enseigne l'histoire de France et le français.

Mère et enfant poursuivent leur itinéraire et s'installent dans l'hexagone en 1928, sur la côte niçoise. Nina met en vente des bijoux et finit par diriger l'hôtel-pension Mermonts, halte appréciée par Ivan Mosjoukine, père idéal pour Roman. Après s'être essayé péniblement à la peinture et à la musique, il se dédie à l'écriture avec ferveur.

Roman Kacew se rend à Aix-en-Provence puis à Paris pour des études de droit. En février 1935, la publication de sa nouvelle « L'Orage » dans la revue *Gringoire* ouvre sa carrière littéraire sous de favorables auspices et lui accorde mille francs, somme nécessaire puisqu'il enchaîne les emplois précaires afin de survivre. Le jeune homme, s'alimentant « de concombres et de pain » ne cesse toutefois pas d'écrire. Il envoie un premier manuscrit, *Le Vin des morts*, à Robert Denoël qui le refuse et transmet à Kacew trente pages de psychanalyse dévoilant les divers complexes dont il souffrirait. Un premier roman sulfureux que Roger Martin du Gard commentera : « C'est ou le livre d'un fou ou bien d'un mouton enragé. »

Romain s'engage dans l'armée en 1938 pour suivre un entraînement d'aviateur à l'école d'Avord (Cher). Naturalisé français seulement depuis 1935, et dans un contexte où la xénophobie sévit encore, il s'agit du seul à ne pas être nommé officier mais caporal-chef. Il devient instructeur de tirs aériens au sein de l'école de l'air à Salon-de-Provence puis à Bordeaux-Mérignac. En mission, l'escadre de bombardement doit se replier sur Meknès, au Maroc. Romain parvient à rejoindre Londres avec seulement deux-cents autres aviateurs s'alliant à la France libre de Charles de Gaulle.

Suite à un incident l'envoyant en Afrique, Romain regagne l'Angleterre, où il débute la rédaction de *Forest of Anger* (*Éducation européenne*) se déroulant en Pologne. Le roman signé sous le pseudonyme Romain Gary rencontre un vif succès. Après cette première réussite littéraire anglophone, l'auteur se fait attribuer la Croix de la Libération, félicité par de Gaulle.

Romain devient l'adjoint du chef d'État-major de l'Air à Londres et épouse Lesley Blanch, russophile. Il obtient l'autorisation de revoir sa mère à Nice mais découvre qu'elle est morte depuis trois ans. Elle n'aura donc jamais eu connaissance des prouesses de son fils, nommé alors premier secrétaire d'ambassade de France en Bulgarie. En 1951, Roman Kacew devient officiellement Romain Gary, et voit *Les Racines du ciel* auréolé du prix Goncourt en 1956. Il passe ensuite quelques temps à Hollywood, écrivant pour *Life Magazine*. Il devient scénariste et mène quelques reportages pour *France-Soir*. Il épouse, entre ces projecteurs et caméras, l'actrice Jean Seberg engagée auprès des Blacks Panthers. Elle lui donne un premier fils, Diego.

En 1974, Romain Gary commence à publier sous le nom d'Émile Ajar. Il demande à son petit cousin, Paul Pavlowitch qu'il soutient financièrement, d'incarner le pseudonyme devant le Mercure de France et les médias. C'est dans cette mascarade que Romain Gary reçoit son deuxième prix Goncourt pour *La Vie devant soi* en 1975, la critique ignorant la réelle identité d'Ajar. Il mène ainsi plusieurs vies littéraires de front avec humour et vivacité non sans le désir de se jouer de la haute sphère littéraire de l'époque.

Jean Seberg, profondément meurtrie par la mort de son second enfant et dont Romain Gary soupçonne le FBI d'en être la cause, est découverte inanimée en 1979. Un an plus tard, en décembre 1980, Romain Gary se donne la mort et dévoile dans une lettre sa double identité. Il écarte son geste fatal d'un quelconque rapport avec la disparition de Jean Seberg. Les cendres de Romain Gary sont ensuite dispersées en Méditerranée.

PRÉSENTATION DE CHIEN BLANC

Chien blanc paraît d'abord sous forme de nouvelle en anglais chez *Life magazine* en 1968 puis en en édition de poche sous le titre *White dog* chez New American Library. La version française sort la même année chez Gallimard, le 20 mars. De 1970 à 1980, les éditeurs français procéderont à six tirages, totalisant 59 620 exemplaires.

Chien blanc emploie l'animal comme le miroir de l'homme et de la société. Le livre analyse les répercussions du racisme avec une forte charge autobiographique. En effet, Gary s'est inspiré de sa vie pour écrire ce roman. Des blancs ont dressé un chien à poursuivre et aboyer les Noirs pour de les attaquer. Les fins de cette éducation, plus que morbides, exhortent un homme noir à renverser le dressage pour mutiler les blancs. On retrouve le même positionnement face au colonialisme dans *Les Racines du ciel*, où les anciennes victimes revêtent le costume des bourreaux : l'histoire se répète.

RÉSUMÉ DU ROMAN

Partie I

Chapitre I

Sandy, le chien de Romain Gary et de Jean Seberg à qui est dédicacé le livre, ramène lors d'une averse de février 1968 un berger allemand surnommé Batka, « petit père » en russe. Le narrateur, Romain Gary, s'aperçoit très vite que malgré sa bonne compagnie, Batka aboie férocement à la vue de quelques hommes dont le dénominateur commun est leur couleur de peau. Ils sont noirs.

Chapitre II

Face aux violentes crises de Batka, Gary est contraint de le confier à un dresseur d'animaux de cinéma pour le rééduquer. Le narrateur lui rend visite chaque jour et rencontre Keys. Ce dernier, un gardien noir, lui explique que Batka est un white dog, un chien blanc, dressé par la police du Sud pour traquer les Noirs. Un jour, Keys se bat avec Batka et s'investit de lui enlever toute agressivité.

Chapitre III

Jack Carruthers, le dresseur, donne un cours sur la psychologie des kangourous à Gary et lui demande pourquoi il se démène autant avec le chien. Défaitiste, il rassure néanmoins Gary sur le professionnalisme de Keys.

Chapitre IV

Des enfants sonnent à la porte. Leur grand-père les accompagne pour chercher Fido, leur chien disparu. Gary comprend que Fido est Batka et prétend l'avoir confié à un ami Noir reparti en Afrique. La famille repart, menaçant de prendre un avocat. Gary ne supporte plus le surinvestissement de Jean Seberg dans les associations pour les Noirs, et prend l'avion, à bout.

Chapitre V

Chien Blanc s'enfuit du chenil et retourne au domicile, ac-cueilli par Jean car Gary se trouve à Hong-Kong. Keys arrive et Batka émet désormais des cris plaintifs que seule la terreur provoque. Jean, à la fois suspicieuse et crédule, accepte de ramener le chien au ranch sous prétexte que Keys veut réussir à guérir le chien pour s'établir plus tard à son propre compte.

Partie II

Chapitre VI

Alors que la famille Seberg fait le deuil du frère de Jean, un père meurt de malheur à cause du mariage de sa fille Blanche avec un Noir. Gary évoque alors la tentative de mesurer la taille des phallus entre Noirs et Blancs pour rassurer ces der-niers de leur suprématie, ce qui est le signe d'une détresse américaine absolue.

Chapitre VII

Jean raconte à Gary toute la véhémence de la dispute entre Jack Carruthers et Keys. L'un, craignant pour sa réputation, veut renvoyer le chien et l'autre le soigner afin de bâtir sa propre notoriété de dresseur.

Chapitre VIII

Des magasins se font incendier dans les quartiers noirs de Chicago tandis que Seberg et Gary apprennent l'assassinat de Martin Luther King alors qu'ils sont dans un taxi conduit par un chauffeur Noir.

Chapitre IX

Le clivage s'intensifie, les magasins se font piller, brûler, émeutes et viols se multiplient. Le chaos s'amplifie, les ordures s'amoncellent : l'annonce, pour Gary, d'une ère nouvelle.

Chapitre X

Le narrateur rend compte des conséquences du colonialisme : prostituées, drogués et maquereaux ont proliféré chez les Noirs par obligation et soumission. Gary rend visite à Red, ancien maquereau rencontré après la Libération qui recrute des jeunes Noirs à envoyer au Vietnam pour les entraîner et les endurcir. Peut-être que de la souffrance commune naîtra un respect réciproque. Red évoque un chien recouvert d'essence et brûlé que Jean aurait pleuré.

Chapitre XI

Jean raconte à son époux qu'un groupe de jeunes Blancs lui a demandé de récupérer Batka pour l'immoler afin de faire prendre conscience aux Américains de la gravité de la situation au Vietnam : les troupes militaires aspergent les Vietnamiens de napalm. Comme seule réponse, ils sont mis dehors.

Chapitre XII

Keys a réussi à guérir le dressage de Batka en plaçant son fils dans la cage du chien. Désormais, Batka n'aboie plus et se laisse caresser par Keys. Gary estime que Keys a réussi, mais ce dernier ne partage pas son opinion et demande à le garder définitivement.

Chapitre XIII

Gary rend visite à Stas, un Blanc qui cache un Noir recherché par la police. Quelques mois plus tard le narrateur apprend qu'un Alex Rackley, informateur du FBI et membre des Black Panthers, a été retrouvé mort. Alex Rackley et cet homme caché serait sans doute le même.

Chapitre XIV

Gary retourne au chenil et Keys lui prie une nouvelle fois de garder le chien, Gary ne se résout toujours pas à céder Batka et assure qu'il va y réfléchir.

Chapitre XV

Clara, une comédienne, reverse ses revenus en majorité à des œuvres de lutte en faveur de l'égalité entre Noirs et Blancs. Mais les donations ont été déviées et récupérées par quelques membres de ces associations. Clara n'offre pas seulement son argent, elle offre aussi son corps, ce qui la détruit psychologiquement.

Chapitre XVI

Gary se rend à une réunion pour une collecte de fonds destinés à « la grande marche des pauvres ». L'industrie de l'*Entertainment* hollywoodien est présente et gonfle le montant des donations pour nourrir son égo. Chacun se rue pour donner plus que l'autre et montrer sa fausse générosité afin de combler sentiments d'infériorité et nombrilisme.

Chapitre XVII

Gary rapporte une rencontre chez un ami avec un antisémite noir pour montrer que les Juifs américains cultivent une culpabilité à l'égard des Noirs pour se sentir moins minoritaire. Inversement, l'antisémite noir accuse les Juifs d'avoir le monopole financier et immobilier. Gary retourne voir Batka qui progresse toujours aussi formidablement avec Keys. Cependant, Gary note que le dresseur le regarde étrangement.

Chapitre XVIII

Gary téléphone à Red qui lui explique que la Mafia entretient la marginalisation des Noirs en les écartant pour faire pression. Il s'entretient ensuite avec Kennedy au sujet des attentats et des universités assiégées.

Chapitre XIX

Mai 1968, la télévision montre les désordres étudiants en France. Romain Gary prend l'avion pour Paris, laissant, à son désespoir, Jean signer inlassablement des chèques en faveur des Noirs.

Chapitre XX

Son téléphone sur écoute, Gary est intercepté sur le chemin de l'aéroport par un jeune homme arborant le sigle KLM. Il se présente : fils d'ex-roi d'Orient, il lui demande son avis sur l'Amérique et la situation des Noirs et le retient. Alors que Gary craint de rater son avion, le prince lui indique affablement qu'une voiture l'attend et qu'il n'a pas à s'inquiéter. Le départ de l'avion a été retardé de vingt minutes.

Partie III

Chapitre XXI

Gary est à Paris : les rues recouvertes de graffitis révolutionnaires s'agitent, les CRS matraquent. Le narrateur rencontre un américain noir, qui, lui aussi, est écrivain.

Chapitre XXII

Au cinquième de son immeuble vit un femme, Madeleine, dont son compagnon noir, Ballard, ne trouve pas d'employeur. Pour Ballard, américain de surcroît, la France n'a pas de problème malgré Mai 68, mais les États-Unis, qu'il a quitté par amour, en regorgent.

Chapitre XXIII

Gary se rend dans une brasserie que des CRS barricadent ; Saint-Germain-des-Prés est enfumé par les gaz lacrymogènes et violenté par les lancés de pavés. Habitant rue du Bac, Gary demande à passer et reçoit un coup de matraque. Il sort ses documents et se présente comme le Lieutenant Gary de Kacew et loue la réactivité des hommes. Une vieille dame l'accoste dans la rue et lui demande de réunir des fonds, le lendemain, il fait face à la même requête soutenir les grévistes chez Renault.

Chapitre XXIV

Jean avertit Gary par téléphone qu'elle quitte la maison, ayant été sérieusement menacée : les chats ont été empoisonnés et la voiture sabotée.

Chapitre XXV

Gary retourne aux États-Unis et reçoit Red dont le fils a été abattu au Vietnam. Red est pris au piège : s'il n'accepte pas la violence, il perd son statut de chef auprès des jeunes Noirs et tant qu'il y aura recours à la violence, les autorités ne se sentiront pas menacées. Il évoque la politique comme seul moyen véritable de renverser l'ordre des choses. Mais il se fait mitrailler en novembre 1968, tandis que Ballard se constitue prisonnier en 1969.

Chapitre XXVI

Bien plus tard, Gary retrouve sa maison de Beverly Hills. Avec Lloyd, un ami, Gary retrouve Keys, enfin à son compte. Batka attaque Lloyd gravement et se choque de s'en prendre à Gary : il se souvient de son maître tandis que Keys observe la scène dans un ricanement. Batka, détruit psychologiquement et chagriné, est retrouvé mort sur le palier de Gary, dans les bras de Jean. Lloyd et Gary sont hospitalisés et Madeleine lui rend visite avec son fils.

LES RAISONS
DU SUCCÈS

Malcolm X, surnommé « Red », est une figure tutélaire dans la lutte contre l'impérialisme blanc qui meurt fusillé en 1965. Inspiré de lui et du groupe Nation of Islam qu'il a dirigé, le mouvement révolutionnaire des Black Panthers est crée en 1966. Son but est de lutter contre la frénésie policière et de protéger les acteurs en faveur des droits des Noirs. Cette population représente alors 10% des Américains.

L'année 1967 est ravagée par les émeutes des ghettos noirs ; la tension ségrégationniste atteint son paroxysme avec l'assassinat de Martin Luther King, pasteur ayant consacré sa vie à la défense des droits des Noirs, le 4 avril 1968. Romain Gary réside alors à Los Angeles et vit de très près les troubles raciaux qui saccagent les États-Unis. Son épouse, alors en plein tournage, participe aux actions militantes et soutient financièrement les Black Panthers. Elle s'engage entièrement pour la cause noire mais est inquiétée par le FBI sous forme de harcèlements et de menaces qui la conduisent au suicide. De son vivant, elle accueille cette minorité noire à longueur de journée, signant des chèques qui la disculpent, selon Gary, de jouir involontairement du privilège d'être blanche. Outre-Atlantique, la France subit des actes de violence qui opposent les étudiants à la police en mai 1968. Gary s'y rend, à la fois témoin des éclats raciaux états-uniens et estudiantins français.

Lorsque le livre paraît en mars 1970, la littérature française est traversée d'écoles distinctes. Toutefois, la majorité tend à se libérer des carcans en pensant de nouvelles formes. Le surréalisme de la première moitié du siècle, avec notamment Paul Eluard, André Breton et Robert Desnos, s'est essoufflé. Dans les années 1970, Queneau, chef de fil de l'OuLiPo qui élabore des nouvelles contraintes pour s'en affranchir, publie ses derniers ouvrages et Georges Perec fait paraître en 1969 *La Disparition* (roman écrit sans utiliser la voyelle E) ; le mouvement survit encore aujourd'hui.

Le Nouveau Roman fleurit alors grâce, entre autres, à Alain Robbe-Grillet (*Les Gommes*, *Djinn*) et Nathalie Sarraute. Plus réflexive et politique, la littérature engagée trouve un écho notoire avec les philosophes et écrivains Albert Camus, et Jean-Paul Sartre (*Les Mots*, 1964) comme représentants. Leurs livres examinent et développent l'absurdité de la condition humaine et de son sentiment intrinsèque d'étrangeté. Des auteurs tels que Samuel Beckett et Eugène Ionesco s'emparent également de cette notion pour en faire un véritable topos théâtral respectivement dans *En attendant Godot* et *Rhinocéros*.

Chien blanc rend compte de la profusion littéraire dans sa diversité au XXe siècle. Cet ouvrage se trouve ainsi à la croisée des différents genres en conservant son identité stylistique propre. Il offre une fenêtre exacte sur l'Amérique du Nord désenchantée en proie à la crise existentielle qu'apportent nécessairement les conflits dits de « race ». Par son sujet pleinement actuel qui rejoint le colonialisme abordé dans *Les Racines du ciel*, *Chien blanc* expose une société moderne qui connaît les mêmes travers que l'Occident. De fait, il rejoint par cela la littérature engagée avec la nette différence que la fiction se base sur des faits concrets loin de toute théorisation.

Chien blanc est aussi une référence à *Croc-Blanc* (1923), œuvre de Jack London qui traite d'un chien loup qui subit la violence humaine provoquée par les confrontations entre les colons et les Amérindiens. Plus d'un demi-siècle plus tard, la situation s'est détériorée en ce que les états-uniens Blancs réitèrent leur comportement xénophobe qui déclenche un racisme inversé. Se retrouve également chez Milan Kundera un écho à la pensée garyenne concernant le traitement des animaux, écho que Kundera a notamment approfondi dans *L'Insoutenable légèreté de l'être* paru en 1984 :

« La vraie bonté de l'homme ne peut se manifester en toute pureté et en toute liberté qu'à l'égard de ceux qui ne représentent aucune force. Le véritable test moral de l'humanité (le plus radical, qui se situe à un niveau si profond qu'il échappe à notre regard, ce sont ses relations avec ceux qui sont à sa merci : les animaux. Et c'est ici que s'est produite la faillite fondamentale de l'homme, si fondamentale que toutes les autres en découlent. »

Les six tirages consécutifs du livre entre 1970 et 1980 confirment l'intérêt qu'il suscite par son analyse lucide de la société américaine, par les questions qu'il pose et les issues qu'il propose. Le livre se fait adapter au cinéma en 1982 par Samuel Fuller qui conserve le même nom mais sortira en France sous l'intitulé *Dressé pour tuer*. Le réalisateur change le nom des protagonistes principaux en prenant le soin de garder ceux de Carruthers et Keys. Romain Gary participe au scénario avec Curtis Hanson et Samuel Fuller. Aux États-Unis, des mouvements en faveur des droits civiques critiquent le film en prétendant qu'il dessert leur cause.

LES THÈMES PRINCIPAUX

Chien blanc déploie sa trame romanesque autour d'un axe pivot essentiel : celui de la fraternité. Romain Gary développe à partir de cela trois thèmes principaux, le premier étant le racisme. La notion de racisme est récente, elle suppose une hiérarchie entre les espèces et ou ethnies pour en favoriser une, rabaisser et assujettir l'autre. Le colonialisme se base sur cette doctrine, engendrant une époque intense de ségrégation en Amérique du Nord. Le livre étale ainsi les désastreuses répercussions du racisme anti-noir que les Blancs entretiennent avec férocité.

La marginalisation volontaire d'une minorité conduit à des bains de sang, des viols et des violences sans égales. Mais cette réaction légitime d'un peuple en révolte dessert en partie les victimes du racisme dont une partie ne résiste pas à l'écueil du racisme inversé. C'est pourquoi les Noirs, marginalisés, retournent les armes des adversaires contre eux, dressant non plus des Chiens blancs mais des Chiens noirs. Keys a ainsi cédé au désir de vengeance en rééduquant Batka pour l'obliger à attaquer les Blancs. En résulte l'attaque de Batka contre son ancien maître, le narrateur, qui détraque le chien à l'en faire mourir. Batka devient le symbole de la dérive du racisme. Cet accident est mis en exergue par les allégories de la « Bêtise » et de la « Connerie » afin de montrer à quel point ces défauts de jugement règnent en Amérique : « Le problème noir aux États-Unis pose une question qui le rend pratiquement insoluble : celui de la Bêtise. Il a ses racines dans la plus grande puissance spirituelle de tous les temps, celle de la Connerie. » Dès lors il apparaît clairement que le racisme tire son origine de la déraison dont sa puissance aveugle ceux qu'elle atteint pour régner en maître. Par conséquent, les bourreaux qui se prétendent supérieurs racialement ne sont en fait que des aliénés, qui ne parviennent pas à penser (peser le pour et le contre en latin) par eux-mêmes de manière raisonnable. De la même manière l'auteur convoque de nombreux entretiens fictifs avec autant de figures importantes dans la lutte pour les droits civiques et humains.

Le second thème pilier de l'œuvre découle du premier puisqu'il s'agit du rapport entre l'homme et les animaux. Le narrateur confond homme et chien pour détruire la moindre barrière des espèces. Dès le premier chapitre Gary se compare à un python : « je sus ainsi que Pete l'Étrangleur et moi avions vraiment une chose en commun : une extrême prudence dans les rapports humains », il s'animalise ainsi se détachant expressément de l'humanité en écartant l'idée d'un quelconque rabaissement au rang d'animal. Au contraire, l'animal représente à la fois la sagesse, la prudence et la vulnérabilité. C'est pour cela qu'il renomme Jack Carruthers en *Noah* ou *Noé Jack Carruthers* : il garde les animaux non dans un bateau mais sur terre avec une pointe d'ironie puisqu'il les dresse.

Romain Gary réitère le phénomène au chapitre suivant cette fois-ci pour se rapprocher du chien : « J'aurais sûrement mordu quelqu'un. / Ce qui me fait penser qu'il est grand temps que je m'achète une laisse plus solide. Celle qui me sert depuis si longtemps commence à être usé. » Il convoque non seulement sa nature première animale par l'évocation de la morsure, mais il indique qu'il se retient en société : la civilisation semble ici éloigner chacun de son authenticité, les hommes se dressent plus que s'éduquent.

L'auteur va plus loin concernant le sort que l'on réserve aux animaux car les humains les considèrent inférieurs par le même principe de racisme : « tout ce qui souffre sous vos yeux est un être humain » (chapitre XXV). Il en appelle donc à la sensibilité des êtres qu'il faut impérativement respecter, qu'importe l'espèce ou la couleur de peau. Peu après, il développe son propos : « C'est assez terrible d'aimer les bêtes.

Lorsque vous voyez dans un chien un être humain, vous ne pouvez pas vous empêcher de voir un chien dans l'homme et l'aimer. »

Le troisième thème est celui de la dépersonnalisation. Romain Gary observe en Amérique du Nord une superficialité ostentatoire. Ils s'exaltent dans leur société de consommation, les poussant non plus à faire acte de charité par sincérité mais essentiellement pour prouver à autrui sa générosité qui n'est qu'une pose. Les donneurs s'allègent de leur fortune pour s'engoncer dans leur sentiment de bonne conscience ; la scène du chapitre XVI illustre cela par la collecte de fonds qui tourne aux enchères. Le but est de montrer à ses opulents congénères qu'il est doté d'une plus grande bonté.

Le chapitre VI expose déjà l'artificialité des Américains qui s'inquiètent de ne pas être aussi performants sexuellement que les Noirs qu'ils considèrent pourtant comme inférieurs. La différence entre les attributs masculins des Noirs et des Blancs devient un enjeu qui fait chanceler le rêve américain de réussite et de grandeur. En découle la pornographie qui exhibe les corps pour rassurer le public : « La *proclamation phallique* est un signe de désarroi, d'anxiété et d'incertitude. Alors que toutes les valeurs s'effondrent, jouir est une certitude pour le reste […] Plus l'intelligence se sent impuissante à résoudre et à s'imposer, et plus le coït devient l'ersatz de solution. »

ÉTUDE DU MOUVEMENT LITTÉRAIRE

Romain Gary n'appartient à aucun mouvement littéraire. Cette liberté lui vaut son originalité. Ses contemporains lui donnaient plusieurs étiquettes, le plus souvent celle de gaulliste. Son passé de russo-polonais arrivant en France et sa participation durant la Seconde Guerre mondiale joue pour beaucoup dans son écriture. Ce qui ressort de son œuvre est sa franche tendance humaniste qui prône une fraternité universelle. Il fait donc appel à l'affection solidaire et à l'amitié. Ses ouvrages invitent à la déférence et à la paix, que cela soit entre les hommes et les animaux, entre les hommes et les femmes ou entre les hommes-mêmes qu'ils soient de telle religion ou de tel âge. La femme, par exemple, apparaît dans la totalité de son œuvre, ce qui participera à sa réputation de grand séducteur.

Il abhorre la violence infligée aux minorités, leur défense constitue un thème clef dans ses livres. Il a lui-même été mis à l'écart à maintes reprises dans son enfance comme à l'âge adulte. L'on retrouve ainsi des influences à la philosophie des Lumières, notamment dans *Chien blanc* où Romain Gary pointe du doigt les comportements irraisonnés des Américains. Son attachement à la fraternité ressort dans la majorité de son œuvre et apparaît comme un écho au cosmopolitisme de Kant. Cela se note par ailleurs dans tous les trajets que le narrateur effectue dans *Chien blanc* mais aussi dans la vie réelle de l'auteur. En outre, comme Denis Diderot, Gary interrompt le fil narratif par des mises en abyme qui réfléchissent l'acte d'écrire. Il insère ainsi quelques syntagmes évoquant figures de styles et la langue dans laquelle le texte est rédigé.

Son nomadisme fictif et véritable (par sa pérégrination entre l'Europe de l'Est et Nice) l'amène à traiter le thème du langage qui, selon le discours de l'écrivain, s'il n'est pas partagé, protège d'autrui. Cela revient à dire que c'est le dialogue qui divise et engendre le désaccord. La relation entre l'homme et le chien n'est donc pas concernée par l'obstacle du langage oral, c'est pourquoi recourir à un animal pour attaquer un autre humain lui apparait comme un acte odieux si ce n'est un crime. L'utilisation de l'animal est récurrente chez l'auteur que ce soit dans son œuvre Garyenne ou Ajarienne. L'animal, par sa fragilité, est vu comme un double de l'homme ; les atrocités qui sont commises à son égard sont d'autant plus révoltantes qu'il est innocent.

Derrière le thème de l'animal se décèle également celui de la nature, omniprésent dans les livres de Romain Gary. La nature importe et constitue une indication concernant le traitement des hommes vis-à-vis d'eux-mêmes : s'ils ne la respectent pas, ils sont incapables de se respecter entre eux. De cette manière, la forêt et l'océan sont toujours présents et en deviennent parfois des allégories. Nier les qualités inhérentes à tout être vivant menace la société.

Souvent, Romain Gary utilise la guerre pour appuyer son propos, notamment selon son passé d'aviateur. Dans *Chien blanc*, la guerre du Vietnam devient un mal nécessaire concernant l'union des Noirs et des Blancs puisqu'ils se battent du même côté et en partagent la cause. Ce contexte force ainsi l'esprit de solidarité qui doit émerger entre eux pour survivre une fois la guerre terminée. Le retour aux États-Unis ne marquera pas que la fin des violences au Vietnam, mais la paix recouvrée entre personnes de différentes couleurs de peau dans leur propre pays.

De fait, sa littérature est plus fraternelle qu'humaniste en ce que cette dernière notion est anthropocentriste. Or, pour son époque, Romain Gary confère aux animaux et à la Terre une place plus qu'importante dans ses textes. Cet écrivain atypique se soucie des individus que le mal-être frappe, ce qui lui aura valu des épisodes de dépression bien qu'il ait toujours écrit ne jamais désespérer, et que l'espoir continuel dont il faisait preuve étant son grand mal à lui.

DANS LA MÊME COLLECTION
(par ordre alphabétique)

- **Anonyme**, *La Farce de Maître Pathelin*
- **Anouilh**, *Antigone*
- **Aragon**, *Aurélien*
- **Aragon**, *Le Paysan de Paris*
- **Austen**, *Raison et Sentiments*
- **Balzac**, *Illusions perdues*
- **Balzac**, *La Femme de trente ans*
- **Balzac**, *Le Colonel Chabert*
- **Balzac**, *Le Lys dans la vallée*
- **Balzac**, *Le Père Goriot*
- **Barbey d'Aurevilly**, *L'Ensorcelée*
- **Barbey d'Aurevilly**, *Les Diaboliques*
- **Bataille**, *Ma mère*
- **Baudelaire**, *Les Fleurs du Mal*
- **Baudelaire**, *Petits poèmes en prose*
- **Beaumarchais**, *Le Barbier de Séville*
- **Beaumarchais**, *Le Mariage de Figaro*
- **Beauvoir**, *Mémoires d'une jeune fille rangée*
- **Beckett**, *Fin de partie*
- **Brecht**, *La Noce*
- **Brecht**, *La Résistible ascension d'Arturo Ui*
- **Brecht**, *Mère Courage et ses enfants*
- **Breton**, *Nadja*
- **Brontë**, *Jane Eyre*
- **Camus**, *L'Étranger*
- **Carroll**, *Alice au pays des merveilles*
- **Céline**, *Mort à crédit*
- **Céline**, *Voyage au bout de la nuit*

- **Chateaubriand**, *Atala*
- **Chateaubriand**, *René*
- **Chrétien de Troyes**, *Perceval*
- **Cocteau**, *Les Enfants terribles*
- **Colette**, *Le Blé en herbe*
- **Corneille**, *Le Cid*
- **Crébillon fils**, *Les Égarements du cœur et de l'esprit*
- **Defoe**, *Robinson Crusoé*
- **Dickens**, *Oliver Twist*
- **Du Bellay**, *Les Regrets*
- **Dumas**, *Henri III et sa cour*
- **Duras**, *L'Amant*
- **Duras**, *La Pluie d'été*
- **Duras**, *Un barrage contre le Pacifique*
- **Flaubert**, *Bouvard et Pécuchet*
- **Flaubert**, *L'Éducation sentimentale*
- **Flaubert**, *Madame Bovary*
- **Flaubert**, *Salammbô*
- **Gary**, *La Vie devant soi*
- **Giraudoux**, *Électre*
- **Giraudoux**, *La Guerre de Troie n'aura pas lieu*
- **Gogol**, *Le Mariage*
- **Homère**, *L'Odyssée*
- **Hugo**, *Hernani*
- **Hugo**, *Les Misérables*
- **Hugo**, *Notre-Dame de Paris*
- **Huxley**, *Le Meilleur des mondes*
- **Jaccottet**, *À la lumière d'hiver*
- **James**, *Une vie à Londres*
- **Jarry**, *Ubu roi*
- **Kafka**, *La Métamorphose*
- **Kerouac**, *Sur la route*
- **Kessel**, *Le Lion*

- **La Fayette**, *La Princesse de Clèves*
- **Le Clézio**, *Mondo et autres histoires*
- **Levi**, *Si c'est un homme*
- **London**, *Croc-Blanc*
- **London**, *L'Appel de la forêt*
- **Maupassant**, *Boule de suif*
- **Maupassant**, *Le Horla*
- **Maupassant**, *Une vie*
- **Molière**, *Amphitryon*
- **Molière**, *Dom Juan*
- **Molière**, *L'Avare*
- **Molière**, *Le Malade imaginaire*
- **Molière**, *Le Tartuffe*
- **Molière**, *Les Fourberies de Scapin*
- **Musset**, *Les Caprices de Marianne*
- **Musset**, *Lorenzaccio*
- **Musset**, *On ne badine pas avec l'amour*
- **Perec**, *La Disparition*
- **Perec**, *Les Choses*
- **Perrault**, *Contes*
- **Prévert**, *Paroles*
- **Prévost**, *Manon Lescaut*
- **Proust**, *À l'ombre des jeunes filles en fleurs*
- **Proust**, *Albertine disparue*
- **Proust**, *Du côté de chez Swann*
- **Proust**, *Le Côté de Guermantes*
- **Proust**, *Le Temps retrouvé*
- **Proust**, *Sodome et Gomorrhe*
- **Proust**, *Un amour de Swann*
- **Queneau**, *Exercices de style*
- **Quignard**, *Tous les matins du monde*
- **Rabelais**, *Gargantua*
- **Rabelais**, *Pantagruel*

- **Racine**, *Andromaque*
- **Racine**, *Bérénice*
- **Racine**, *Britannicus*
- **Racine**, *Phèdre*
- **Renard**, *Poil de carotte*
- **Rimbaud**, *Une saison en enfer*
- **Sagan**, *Bonjour tristesse*
- **Saint-Exupéry**, *Le Petit Prince*
- **Sarraute**, *Enfance*
- **Sarraute**, *Tropismes*
- **Sartre**, *Huis clos*
- **Sartre**, *La Nausée*
- **Senghor**, *La Belle histoire de Leuk-le-lièvre*
- **Shakespeare**, *Roméo et Juliette*
- **Steinbeck**, *Les Raisins de la colère*
- **Stendhal**, *La Chartreuse de Parme*
- **Stendhal**, *Le Rouge et le Noir*
- **Verlaine**, *Romances sans paroles*
- **Verne**, *Une ville flottante*
- **Verne**, *Voyage au centre de la Terre*
- **Vian**, *L'Arrache-cœur*
- **Vian**, *L'Écume des jours*
- **Voltaire**, *Candide*
- **Voltaire**, *Micromégas*
- **Zola**, *Au Bonheur des Dames*
- **Zola**, *Germinal*
- **Zola**, *L'Argent*
- **Zola**, *L'Assommoir*
- **Zola**, *La Bête humaine*
- **Zola**, *Nana*
- **Zola**, *Pot-Bouille*